PIÈCES

DU PROCÈS

INTENTÉ EN 1858

A UN CHEF DE BATAILLON DU GÉNIE

Qui venait d'être admis à la retraite

PARIS

IMPRIMERIE ADOLPHE REIFF

9, PLACE DU COLLÉGE DE FRANCE 9

1878

L²⁷n
30696

PIÈCES

DU PROCÈS

INTENTÉ EN 1858

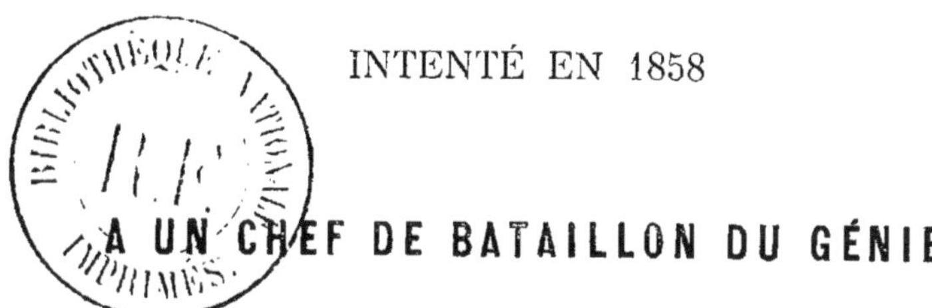

A UN CHEF DE BATAILLON DU GÉNIE

Qui venait d'être admis à la retraite

PARIS

IMPRIMERIE ADOLPHE REIFF

9, PLACE DU COLLÉGE DE FRANCE 9

—

1878

BIBLIOTHÈQUE NATIONALE IMPRIMÉS.

Ln 27
Ln 11
30696

PRÉFACE

On verra dans le premier de ces deux jugements comment on a pu priver de sa liberté individuelle, et juger sans le voir, ni l'entendre, un homme inoffensif à qui on permettait de se promener dans Paris, trois fois par semaine, de midi à 4 heures du soir, et qu'on déclarait non transportable. On le verra particulièrement accusé de faits impossibles, et de faits qu'il était impossible de prouver ; mais, Dieu aidant, ce serviteur de Dieu n'a eu besoin que de patience, pour faire mettre à néant un tissu de calomnies inventées pour obtenir une interdiction, qui permit de le dépouiller, et de lui enlever ses moyens de travail.

Aussi, pourquoi la loi donne-t-elle à des hommes, reçus docteurs en médecine, le droit de vie et de mort, le droit de faire des lettres de cachet, qu'on déguise sous le nom de certificats, et pourquoi la loi du 30 juin 1838, parait-elle si difficile à exécuter ?

J'avais cru, en lisant cette loi, qu'elle avait été faite pour protéger ceux qui ne troublent pas la tranquillité publique.

Cette loi du 30 juin 1838 aurait du être revisée : l'homme le plus sage, ayant un moment de faiblesse, peut devenir la victime d'un parent qui aura hâte d'hériter, et trouvera facilement un docteur en médecine, qui, pour une modique rétribution, lui donnera le certificat dont il aura besoin pour faire enfermer et mettre au secret, et interdire celui qu'il voudra ruiner.

Le Basile de Beaumarchais disait au docteur Bartholo : « vous ne savez pas, docteur, ce que vous dédaignez. La calomnie ! il en reste toujours quelque chose ; et avec Rossini, il chantait :

> Et l'on voit le pauvre diable,
> Menacé comme un coupable,
> Sous cette arme redoutable,
> Tomber, tomber terrassé.
> (Quand Dieu l'abandonne).

H. M.

Eugène Scribe a fait dire à Robert le Diable, dans l'opéra de ce titre :

> Des chevaliers de ma patrie,
> L'honneur fut toujours le soutien,
> Et dussé-je y perdre la vie,
> Marchons, Marchons, je ne crains rien !

Moi, petit-fils du chevalier bourguignon : Jean-Baptiste-Gabriel Huguet d'Etaules, capitaine commandant au régiment de Beaujolais, je me suis senti ému en entendant Adolphe Nourrit chantant d'une voix suffoquée par l'indignation :

> Si j'aurai ce courage! (la la la la si re do)
> Si j'aurai ce courage! (do do do do re fa mi).
> Des chevaliers de ma patrie
> L'honneur fut toujours le soutien. (ter).

Extrait du livret de Robert le Diable, opéra en 5 actes, paroles de MM. Scribe et Delavigne, musique de Giacomo Meyerbeer.

PARIS

G. Brandus et S. Dufour, éditeurs
103, rue Richelieu, 103

En définitive, j'ai voulu descendre aux enfers, pour y voir et entendre ceux qu'on dit être abandonnés de Dieu, et à la discrétion de geôliers et de gardiens, et on m'y a aidé en me tendant des guet-apens où je me suis laissé prendre, assuré à l'avance de la protection divine, qui devait, après un certain temps, mettre à néant les auteurs de guet-apens et leurs calomnies assaisonnées d'accusations de faits impossibles, dont mes accusateurs m'accusaient.

Je ne conseille à personne de faire ce que j'ai fait, de se confier à des gens habitués à traiter des aliénés. Ces gens sont habitués à mentir, ils mentent, disent-ils, dans votre intérêt, et en réalité pour vous garder le plus longtemps possible, et si l'on ne se défie pas d'eux, pour vous garder à vie, ou autrement, à perpétuité, en vous privant de plus en plus, quand ils ont obtenu d'un tribunal jugeant sans voir, ni entendre l'accusé, un jugement d'interdiction.

Que Dieu leur pardonne comme j'ai pardonné à ceux qui ont été mes gardiens et mes accusateurs !

H. M.

Monsieur le Commandant Mouron, chef du Génie à Saint-Malo, admis à la retraite, ayant remis le service aujourd'hui à M. le Capitaine du Génie Lesdos, Monsieur le Colonel commandant la place, établira une feuille de route, à la date du 28, pour Monsieur le Commandant Mouron, qui a demandé à se retirer à Paris.

Monsieur le Commandant Mouron, dans le court espace de temps qu'il a passé à Saint-Malo, a donné des preuves de zèle et de capacité; je me plais à lui en donner ici le témoignage avec l'expression de mes regrets.

Saint-Servan, le 28 août 1857.

Le Général C^t la 16me division militaire,

DUCHAUSSOY.

Transmis à Monsieur le Commandant Mouron, par le Lieutenant-Colonel commandant de la place de Saint-Malo.

Le 29 août 1857.

HARDY.

DOSSIER n° 298

MINISTÈRE
De la Guerre

GÉNIE

Strasbourg

Projets d'attaque sur les
fronts 11-12 et 8-9 de
la Place de Stras-
bourg.

EXTRAIT
DU REGISTRE DES DÉLIBÉRATIONS
Du Comité des Fortifications

Séance du 4 Janvier 1853

Le Ministre de la Guerre renvoie à l'examen du Comité deux projets d'attaque de la Place de Strasbourg par les fronts 11-12 et 8-9.

Le Comité :

...... Considérant que les deux projets d'attaque de la Place de Strasbourg, rédigés par les Capitaines Dagon et Mouron, sous la direction du chef du Génie, sont des études intéressantes et consciencieuses qu'on ne saurait trop encourager et généraliser,

EST D'AVIS :

1° Que le Ministre de la Guerre, veuille bien adresser des éloges aux Capitaines Dagon et Mouron, pour le zèle et le talent dont ces officiers ont fait preuve dans la rédaction de leurs projets d'attaque contre la place de Strasbourg ;

2° Qu'un témoignage de satisfaction soit pareillement adressé au Colonel Morlet, qui a dirigé ces deux officiers dans la rédaction dont il s'agit ;

3° Que les travaux de ces officiers soient déposés aux archives du Dépôt des fortifications, pour y être consultés au besoin, et que la présente délibération soit envoyée au Directeur des fortifications, à Strasbourg, et communiquée au chef du Génie, pour l'instruction des officiers de cette place.

Pour extrait conforme :

Le Colonel du Génie,   **Le Général** de division,

Secrétaire,   Président du Comité,

Signé : J.-F. CHARDONNEAU.   *Signé* : V. CHARON.

Approuvé le 31 Janvier 1853.

Pour extrait conforme, destiné à M. le Capitaine Mouron, employé à Strasbourg.

A Strasbourg, le 14 Février 1853.

Le Colonel Directeur des fortifications.

DE FUCHSAMBERG.

MINISTÈRE DE LA GUERRE

3ᵉ DIRECTION
Service du génie

MATÉRIEL

STRASBOURG

Projets d'attaque sur les fronts 8-9
et 11-12 de la Place

I. 132

COPIE

Paris, le 31 Janvier 1853

Colonel, je vous envoie ci-joint, après l'avoir approuvé dans son entier, par décision de ce jour, l'avis délibéré en séance du Comité des fortifications, le 4 janvier 1853, sur les deux projets d'attaque de la place de Strasbourg par les fronts de 8-9 et 11-12, projets rédigés par MM. les Capitaines Mouron et Dagon, sous la direction du Chef du Génie, Monsieur le Lieutenant-Colonel Morlet, Directeur des fortifications de Besançon, vous voudrez bien, Colonel, faire savoir à ces officiers que je suis heureux de m'associer aux éloges que leur a décernés le Comité pour le zèle et le talent dont ils ont fait preuve dans leurs consciencieuses études.

Je vous prie de me retourner la Délibération communiquée aussitôt après en avoir fait prendre copie pour les archives de la Place et de la Direction de Strasbourg.

Le Maréchal de France,

Ministre secrétaire d'Etat au Département de la Guerre,

Signé : A. DE SAINT-ARNAUD.

Pour copie conforme notifiée à M. le Capitaine du Génie, Mouron, employé à Strasbourg.

A Strasbourg, le 14 Février 1853.

Le Colonel, directeur des fortifications,
DE FUHCSAMBERG.

A M. le Directeur des fortifications, à Strasbourg.

1.

Napoléon, par la grâce de Dieu et la volonté nationale, Empereur des Français, à tous présents et avenir salut.

Le Tribunal civil de première instance de l'arrondissement de Boulogne-sur-mer (Pas-de-Calais), a rendu le jugement suivant, entre M. Alphonse Mouron, avocat, demeurant à Calais, demandeur aux fins d'un exploit en date du vingt-six juin dernier, enregistré et des conclusions par lui signifiées ce jourd'hui avant l'audience. Comparant et plaidant par Mᵉ Devot, avocat, assisté de Mᵉ Varlet, avoué, d'une part : Entre M. Henri-Gabriel-Jean-Baptiste Mouron, ancien commandant du Génie en retraite, se trouvant en ce moment placé dans la maison de M. Brière de Boismont, à Paris, rue du Faubourg-Saint-Antoine, n° 303. Comparant et plaidant par Mᵉ Baudelocque, avocat, assisté de Mᵉ Gardère, avoué, d'autre part. Faits et conclusions, à la date du vingt-quatre mars dernier. M. Alphonse Mouron, a présenté au Tribunal civil de Boulogne, une enquête par laquelle il a exposé qu'il se trouvait dans la nécessité de provoquer l'interdiction de M. Henri-Gabriel-Jean-Baptiste Mouron, son frère pour cause de démence et que cette mesure était rendue nécessaire par les circonstances suivantes : M. Henri Mouron, né à Calais, le quatre septembre 1810, commandant du Génie en retraite, a été atteint différentes fois d'une exaltation maniaque, qui a obligé à plusieurs reprises son placement dans la maison de santé de M. le docteur

Pressat, à Paris ; recevant dans cette maison tous les soins que nécessitait sa position, il revenait au calme et sortait de cet établissement, sinon güéri complètement, du moins en état de convalescence ; au mois de mars 1846 un nouvel accès se manifesta et fut placé le dix dudit mois dans la maison de santé de M. le docteur Brière de Boismont successeur de M. Pressat. Il se déshabillait, chantait continuellement, ouvrait les portes de tous les pensionnaires, avait la manie de prendre tous les objets qu'il voyait et les enfouir en terre et lorsqu'on le prenait en flagrant délit, il disait qu'il trouvait ces objets jolis qu'il voulait les dessiner ; dans d'autres moments il déchirait ses effets et les cahiers de musique, ou les étendait par terre en prétendant qu'ils signifiaient beaucoup de chose. Il avait la manie d'écrire *à tout le monde*, prétendait reformer la société, fort souvent il jetait des lettres par dessus le mur de la maison : l'une d'elles notamment qui semblait adressée à Henri V, a amené une enquête de la part de la police, enquête qui n'eut point de suite, dès que la situation mentale de M. Mouron fut reconnue. Le calme s'est rétabli peu à peu et le dix août 1848, il est sorti de l'établissement comme convalescent. Dans le courant de l'année dernière, vers le mois d'août, son état d'exaltation maniaque se manifesta de nouveau avec plus d'intensité et il dut encore être placé dans la maison de M. Brière de Boismont, il occupait alors le poste de Commandant du Génie, à Saint-Malo. Dans le trajet pour se rendre à Paris, et par suite d'une discussion avec un employé de la gare de Rennes, il tomba dans une exaltation furieuse et dut être par les ordres du Général, commandant la division, renfermé provisoirement dans l'hospice des aliénés de Rennes ; c'est de cette maison que le deux septembre qu'en vertu d'un arrêté

préfectoral, il dut être transféré à Paris dans la maison de
M. Brière de Boismont, il parlait avec une grande volubi-
lité, avait fait imprimer un grand nombre de *Pater* et
d'*Ave Maria*, qu'il distribuait dans les rues, prétendait à
améliorer les hommes, faisait des calendriers pour leur
apprendre l'histoire, ne pouvait rester en place, parlait
haut, chantait presque constamment, enfin avait touté
l'attitude de la démence la mieux caractérisée, aujourd'hui
encore il divague presque constamment, il a surtout la
manie d'écrire chaque jour une quantité de lettres d'où
résulte de la manière la plus manifeste le dérangement de
ses facultés. Au mois de janvier dernier, il a écrit à Sa
Majesté l'Empereur Napoléon, une lettre qui au milieu de
nombreuses divagations contenait des propos fort incon-
venants. Cette lettre que probablement il avait jetée par
dessus les murs est malheureusement parvenue à sa desti-
nation a donné lieu à une enquête de la part de la police
de surveillance, enquête qui n'a pas permis de douter qu'elle
n'émanat d'un fou. Enfin, il y a un mois environ et par
suite d'une lettre qui lui est ainsi parvenue, M. le Procureur Impérial, près le Tribunal de la Seine ordonna une
visite de M. le Commandant Mouron. M. le docteur Tardieu
envoyé à cet effet a pu constater aussi l'état de démence et
d'exaltation qui autorise et rend même nécessaire sa retenue
dans l'établissement où il se trouve. Le patrimoine de M. le
Commandant Mouron est assez restreint, cependant, il paraît
avoir aliéné une partie de son avoir en faveur d'une femme
dont il a fait la connaissance depuis quelques années, et il
est encore à craindre, sous un autre rapport que dans ces
moments d'exaltation il se dépouille de tout ou partie de
ce qu'il possède, et finisse ainsi par se réduire à une position précaire. En conséquence de ces faits et attendu que

M. le Commandant Mouron, est dans un état habituel de démence, résultant du dérangement partiel, mais constant et grave de ses facultés intellectuelles, que par suite il lui est impossible de gérer et administrer sa personne et ses biens M. Alphonse Mouron a demandé qu'il plaise au Tribunal, lui donner acte de ce qu'il entendait provoquer l'interdiction de M. le Commandant Mouron, son frère, pour cause de démence, ordonner en conséquence la réunion du conseil de famille de ce dernier pour donner son avis sur l'état mental dudit Mouron et dire qu'il sera ensuite interrogé par le Tribunal civil de la Seine ou par l'un des juges, à cet effet commis, et ce en présence de M. le Procureur Impérial, conformément à la loi ; et à l'appui des faits et circonstances ci-dessus. M. Alphonse Mouron, a indiqué comme témoins les personnes ci-après : savoir 1° M. Victor Hardy, lieutenant-colonel, commandant la place de Saint-Malo ; 2° M. le baron Berlier, Commandant le 69ᵉ de ligne en garnison à Saint-Malo ; 3° M. Blancart, tenant l'hôtel de France, à Saint-Malo ; 4° M. le docteur Brière de Boismont, demeurant à Paris, rue du Faubourg-Saint-Antoine, n° 303 ; 5° M. Pierre Huguet, employé de la maison Brière de Boismont ; 6° M. Charles Perinat, aussi employé de ladite maison ; 7° M. Félix Maillard, employé à la monnaie de Paris, se réservant de produire tous autres témoins si besoin était ; sur cette requête qui fut communiquée à M. le Procureur Impérial, le Tribunal a rendu le vingt-six mars dernier, un jugement qui a ordonné que le conseil de famille dudit Mouron, formé selon le mode déterminé par la loi, donnera son avis sur l'état mental de ce dernier et attendu la difficulté de déplacement dudit Mouron a dit qu'il serait interrogé par tel de MM. du Tribunal de la Seine, qu'il plairait à M. le Président de ce Tribunal de déléguer pour se transporter sur les lieux ; en exécution. de ce jugement le conseil de famille de M. le Commandant Mouron, s'est réuni devant M. le juge de paix du canton de Calais et délibérant sur l'opportunité de la mesure faisant l'objet dudit jugement, a été d'avis à l'unanimité qu'il y avait lieu dans l'intérêt de M. Henri-Gabriel-Jean-Baptiste Mouron, de faire procéder à son interdiction ainsi qu'il résulte du procès-verbal en date du vingt-un avril dernier. Le jugement susdaté ainsi que la délibération du conseil de famille ont été signifiées à M. le Commandant Mouron, par exploit de Pluot, huissier à Paris, du huit mai dernier. Par suite de la commission rogatoire à lui donnée, M. le Président du Tribunal de la Seine, a commis M. Pagniez l'un des juges du siége, pour procéder à l'interrogatoire ordonné et le onze mai, ce magistrat a en effet procédé à l'interrogatoire de M. le Commandant Mouron, en présence de M. le Procureur Impérial, ainsi qu'il résulte aussi du procès-verbal d'interrogatoire en date dudit jour onze mai. Le vingt-six juin et par exploit de Pluot, huissier, M. Alphonse Mouron a signifié ce procès-verbal d'interrogatoire à M. le Commandant Mouron et par le même exploit il l'a fait assigner à comparaître en ce Tribunal aux délais de la loi, pour : est-il énoncé audit exploit, attendu que M. Henri Mouron est dans un état habituel de démence, résultant du dérangement partiel, mais constant et grave de ses facultés intellectuelles, que cet état a nécessité son placement à trois reprises différentes dans la maison de M. le docteur Brière de Boismont, à Paris, que les faits ayant amené son placement dans cet établissement et sont énoncés et détaillés dans la requête présentée au Tribunal sur laquelle est intervenu à la date du vingt-six mars dernier, un jugement qui a ordonné la réunion du conseil de famille de

M. Mouron, pour donner son avis sur son état mental a
ordonné aussi son interrogatoire par l'un des magistrats du
Tribunal de la Seine, jugement signifié à M. Mouron
attendu que le conseil de famille, réuni sous la présidence
de M. le juge de paix du canton de Calais à été d'avis à
l'unanimité qu'il y avait lieu de prononcer l'interdiction
de M. Mouron, attendu que ce dernier a ensuite été interrogé, conformément à la loi, le onze mai dernier par l'un
des magistrats de la Seine; que si de cet interrogatoire il
ne résulte pas pleinement la démence et l'état mental ren-
dant nécessaire l'interdiction, il n'est pas moins vrai que
les facultés intellectuelles de M. Mouron, ne permettent pas
de lui laisser la libre administration de sa personne et de
ses biens, que d'ailleurs les faits indiqués en la requête et
dont la preuve sera fournie en cas de dénégation, sont de
nature à justifier la mesure de l'interdiction provoquée.
Attendu subsidiairement qu'il y a lieu de craindre de la
part de Mouron des actes d'aliénation et de mauvaise
administration de sa fortune, que sous ce rapport et dans
son intérêt, il conviendrait dans tous les cas, de lui nommer
un conseil judiciaire, conformément à l'article 499, du Code
Napoléon, que sur la requête à lui présentée, le Tribunal
par un jugement en date du dix-huit juin 1858, a nommé
à M. Mouron un administrateur provisoire. Que les fonctions de cet administrateur provisoire, pendant l'instance
d'interdiction, doivent cesser par le jugement à intervenir
pour être remplacées par l'administration d'un tuteur et
d'un subrogé-tuteur conformément à la loi, en cas d'interdiction ou par l'administration de M. Mouron, sous l'assistance d'un conseil judiciaire conformément à la demande
subsidiaire, en conséquence voir dire et ordonner
que M. Henri Mouron sera et demeurera interdit pour

cause de démence voir ordonner en conséquence qu'il lui sera nommé conformément à la loi, un tuteur et subrogé-tuteur, pour administrer sa personne et ses biens, subsidiairement et avant faire droit autoriser en cas de contestation, M. Alphonse Mouron, a faire la preuve de chacun des faits énoncés en la requête sur laquelle est intervenu le jugement du dix-huit juin, pour après la preuve faite et rapportée, être par les parties conclu et par le Tribunal statué ce qu'il appartient. Très-subsidiairement encore et au cas où le Tribunal ne croirait pas devoir admettre la demande en interdiction voir nommer à M. Mouron, un conseil judiciaire sans lesquels il ne pourra plaider transiger, recevoir un capital mobilier, ni en donner décharge, aliéner, ni grèver ses biens d'hypothèque. Le tout conformément à la loi. Voir dire que les fonctions d'administrateur provisoire, cesseront à partir du jugement à rendre et seront remplacées par l'administration d'un tuteur et d'un subrogé tuteur, en cas d'interdiction, ou dans tous les cas par l'administration de M. Henri Mouron, sous l'assistance de son conseil judiciaire et attendu que la fortune de M. Mouron, consiste uniquement en valeurs mobilières, voir ordonner à l'égard de ces valeurs telles mesures que de droit et de raison. Et voir statuer ce que de droit à l'égard des dépens. Sur cette assignation contenant constitution de M⁰ Varlet pour le demandeur, M⁰ Gardère, avoué, s'est constitué pour M. le Commandant Mouron, et le trois juillet il a fait signifier des conclusions tendant à ce qu'il plut au Tribunal, rejeter comme non justifiée la demande en interdiction, nommer au défendeur un conseil judiciaire, sans l'assistance duquel il ne pourra plaider, transiger, emprunter, recevoir un capital mobilier, ni décharge aliéner et grèver ses biens d'hypothèque, dire qu'à sa sortie de la maison de santé dans laquelle il est en ce moment retenu, l'administrateur provisoire qui lui a été nommé par le jugement dudit jour dix-huit juin et dont les fonctions demeureront jusque là sauf renouvellement aux termes des articles 36 et 87 de la loi du 30 juin 1838, déposera sur récépissé libératoire les titres d'actions et autres valeurs mobilières, lui appartenant entre les mains de ce conseil judiciaire, lequel de concert avec ledit M. Mouron en fera emploi, ou dépôt dans une banque publique ou privée, suivant ce que les circonstances conseilleront alors pour le mieux des intérêts du défendeur, dire qu'en cas de dépôt de ces titres M. Mouron, ne pourra les retirer qu'avec l'assistance de ce conseil, lequel surveillera l'emploi de tous capitaux, en provenant, dire que M. Henri Mouron pourra sur ces seules quittances et sous l'assistance de ce conseil toucher les intérêts de ses créances, les dividendes de ces actions aussi bien que sa pension de retraite, statuer ainsi que de droit quant aux dépens. La cause a été inscrite au rôle sous le n° 165, et le trente juillet dernier, les qualités ont été contradictoirement posés. Ce jourd'hui six août, avant l'audience le demandeur a fait signifier des conclusions par lesquelles il a demandé qu'il plaise au tribunal par les motifs y déduits lui adjuger les conclusions de son exploit introductif d'instance. A l'audience de ce jour à l'appel de la cause, avocat assisté de Me Varlet, avoué, pour le demandeur a demandé l'adjudication des conclusions de la demande et en a déduit les motifs en plaidant, Me Baudelocque assisté de Me Gardère, avoué, pour le défendeur a repris les conclusions signifiées au nom de ce dernier et rapportées ci-dessus, et en a également requis l'adjudication en plaidant. M. le Procureur Impérial à qui les pièces avaient été communiquées, a été entendu en ses conclusions. Point de droit. Doit-on prononcer l'interdiction de M. Henri Mouron, ne doit-on pas en rejettant afin d'interdiction nommer à mond. sieur Mouron, un conseil judiciaire sans l'assistance duquel il ne pourra faire aucun des actes indiqués par la loi, y a-t-il lieu d'indiquer certaines mesures dans l'intérêt de M. Mouron, par rapport aux valeurs mobilières composant son patrimoine, que doit-on décider à l'égard des dépens ? Oui les défenseurs des parties en leurs conclusions et plaidoiries, oui M. Binet, substitut du Procureur Impérial, le Tribunal après en avoir délibéré. — Vu la demande en interdiction formée contre Henri-Gabriel-Jean-Baptiste Mouron. — Vu l'avis du conseil de famille dudit Mouron, tenu le vingt-un avril 1858, sous la présidence de M. le juge de paix du canton de Calais, suivant procès-verbal enregistré, avis unanimement favorable à cette demande. Vu l'interrogatoire subi par ledit Mouron, le douze mai 1858, suivant acte enregistré par devant M. Pagniez, l'un des juges du Tribunal civil de la Seine, commis régulièrement à cet effet. Vu les autres documents de la Cour. Vu l'art. 499 du Code Napoléon et l'art. 37 de la loi du 30 juin 1838. Vu son jugement du dix-huit juin dernier, lequel indépendamment d'un curateur à la personne, a nommé pour prendre momentanément soin de la fortune dudit Mouron un administrateur provisoire conformément a l'art. 497 du Code Napoléon et aux dispositions spéciales de ladite loi. Considérant que des réponses faites par Henri-Gabriel-Jean-Baptiste Mouron, dans l'interrogatoire ci-dessus daté, résulte la preuve qu'en 1837, en 1842, en 1848, il a dû être placé dans la maison de santé du docteur Brière de Boismont pour y recevoir des soins spéciaux, à la suite des surexcitations mentales, déterminées soit par de grandes fatigues, dans son service, soit par les évènements politiques. Considérant que le deux septembre 185 , en conséquence d'un arrêté préfectoral, il a dû de nouveau être conduit dans cette maison ; considérant que bien que toutes les réponses consignées dans l'interrogation susdaté, démontrent que les facultés intellectuelles de Mouron n'ont subi aucune atteinte sérieuse, et qu'il est parfaitement apte à administrer sa fortune, il reconnaît néanmoins lui-même qu'a raison des périls que cette fortune entièrement mobilière pourrait courir dans l'une des crises auxquelles il semble être périodiquement sujet, il est utile de lui nommer un conseil judiciaire, et de prendre pour la garde de ses biens mobiliers, les mesures que la raison conseille eu égard à leur nature, jugeant en premier ressort et en matière ordinaire, rejette comme non justifiée la demande en interdiction, nomme pour conseil judiciaire audit Henri-Gabriel-Jean-Baptiste Mouron. Mᵉ Victor-Abel Gardère, avoué, demeurant à Boulogne, sans l'assistance duquel il ne pourra aux termes de la loi, transiger, emprunter, recevoir un capital mobilier, ni en donner décharge, aliéner, gréver ses biens d'hypothèque, dit qu'à la sortie de la maison de santé dans laquelle il est en ce moment retenu, l'administrateur provisoire dont les fonctions demeureront jusque-là sauf renouvellement déposera sur récépissé que lui voudra décharge entre les mains de ce conseil, tous titres d'actions et autres dont il serait détenteur pour en être fait s'il y a lieu, par les soins dudit conseil et de concert avec ledit Mouron, soit emploi, soit dépôt dans une banque publique ou privée, alors déterminé suivant ce que les circonstances conseilleront : dit qu'en cas de dépôt, ces titres ne pourront être retirés par Mouron qu'avec l'assistance de ce conseil, lequel surveillera l'emploi de tous capitaux en provenant, dit que Mouron pourra sur ses seules quittances et sans cette assistance toucher les intérêts de ses capitaux, les dividendes afférant à ses actions aussi bien que sa pension militaire. Condamne Mouron, aux dépens de l'instance, lesquels seront par l'administrateur provisoire, soldés et employés en frais privilégiés de son administration. Lequel jugement a été rendu à l'audience civile, tenue publiquement le six août 1858, par le Tribunal de première instance de l'arrondissement de Boulogne-sur-mer, où siégeaient MM. Lorel, Président, Mesureur, juge, et Morand, juge suppléant appelé à défaut de juge et de juge suppléant plus ancien, en présence de M. Binet, substitut du procureur impérial assistés de M. L. Goulet, commis greffier assermenté. Mandons et ordonnons à tous huissiers, sur ce requis de mettre ledit jugement à exécution, à nos procureurs généraux, à nos procureurs près les Tribunaux de première, d'y tenir la main, à tous commandants et officiers de la force publique de prêter main forte, lorsqu'ils en seront légalement requis en foi de quoi la minute du présent jugement est signée par le Président du Tribunal et par le greffier. Ensuite est écrit, enregistré à Boulogne, le quatorze août 1858, folio 99, case 8, reçu cinq francs cinquante centimes décime compris, signé Harbaville. Pour expédition conforme, le greffier du Tribunal civil de Boulogne-sur-mer, signé Duflos, scellé enregistré à Boulogne, le 21 août 1858, folio 110, case 3, reçu au total dix-neuf francs trente-cinq centimes, remise du greffier. cinq francs cinquante centimes, signé Harbaville. — A la requête de M. Alphonse Mouron ayant Mᵉ Varlet pour avoué, soit signifié avec celles des présentes donné copie à Mᵉ Gardère, avoué du sieur Henri Mouron, de la grosse d'un jugement contradictoire, rendu par le Tribunal civil de première instance séant à Boulogne-sur-mer, le six août présent mois, enregistré, à ce qu'il n'en ignore, dont acte pour original, signé F. Varlet. L'an mil huit cent cinquante-huit, le vingt-cinq août, à la requête de Me Varlet, avoué du sieur Alphonse Mouron, j'ai huissier audiencier soussigné, signifié copie du présent et dudit jugement à Me Gardère, avoué du sieur Henri Mouron, en son étude, parlant à son M^e clerc; coût 27 centimes, signé Ch. Courteville.

Pour copie conforme VARLET.

L'an mil huit cent cinquante-huit, le trente août, à la requête de M. Alphonse Mouron, avocat, demeurant à Calais, lequel fait élection de domicile en l'étude de Me Frédéric Varlet, avoué près le Tribunal civil de première instance, séant à Boulogne-sur-mer, demeurant audit Boulogne, et est constitué à l'effet d'occuper pour ledit sieur Mouron, j'ai Pierre-Isidore Pluot, huissier près le Tribunal civil de la Seine, séant à Paris y demeurant, rue des Déchargeurs, n° 3.

Soussigné, signifié avec ces présentes donné copie, à M. Henri-Gabriel-Jean-Baptiste Mouron, ancien commandant du génie en retraite, se trouvant en ce moment dans la maison de santé de M. Brière de Boismont, à Paris, rue du Faubourg-Saint-Antoine, n° 303, en son domicile ou étant et parlant à un homme au service de ce dernier.

Et a autres par copies séparées,

1° De la grosse d'un jugement contradictoire rendu par le Tribunal civil de Boulogne-sur-mer, le six août présent mois, enregistré, nommant un conseil judiciaire à mon dit sieur Mouron ;

2º De la signification de ce jugement faite à avoué par acte de Courteville, huissier à Boulogne, en date du vingt-cinq août présent mois enregistré.

A ce qu'il n'en ignore.

Dont acte sous toutes réserves..

Et j'ai au susnommé, laissé cette copie, coût vingt francs 2 décimes.

PLUOT.

<h1 style="text-align:center">Jugement requêt Mouron,
Ordonnant réunion conseil de famille Mouron,
Et l'interrogatoire de ce dernier</h1>

Napoléon, par la grâce de Dieu et la volonté nationale, Empereur des Français, à tous présents et avenir, salut.

Le Tribunal civil de première instance de l'arrondissement de Boulogne-sur-mer, a rendu le jugement ci-après à la suite d'une requête ainsi conçue :

A Monsieur le Président du Tribunal civil de Boulogne-sur-mer.

Henri Mouron, chef de bataillon du Génie en retraite, rentier, demeurant à Paris, rue des Rosiers.

A l'honneur de vous exposer :

Qu'au mois de mai mil huit cent cinquante-huit, le sieur Alphonse Mouron, son frère, avocat à Calais, a provoqué son interdiction par une instance portée devant votre Tribunal.

Que la demande se fondait sur des faits de démence qui n'ont pu être prouvés, puisque par jugement du six août mil huit cent cinquante-huit elle a été rejetée au principal et qu'il a seulement été nommé à l'exposant un conseil judiciaire pour l'assister, conseil qui est Me Gardère, avoué à Boulogne.

Qu'aujourd'hui les causes qui ont déterminé le Tribunal à prescrire cette mesure ont entièrement disparu, qu'en effet l'exposant jouit de la plénitude de ses facultés intellectuelles et est complétement guéri de l'affection dont il a été atteint.

Que cela est justifié par un certificat ci-joint délivré le vingt-deux juin dernier par Monsieur Brierre de Boismont, docteur-médecin, directeur de la maison de santé à Paris, où l'exposant a été traité et d'où il est sorti guéri le vingt-huit octobre mil huit cent cinquante-huit.

Qu'il y a donc lieu de le relever de l'assistance du conseil dont il a été pourvu.

Pourquoi il vous plaira, Monsieur le Président, ordonner la communication de la présente requête à Monsieur le Procureur Impérial et commettre l'un de Messieurs les juges pour en faire rapport, pour ce rapport fait, et Monsieur le Procureur Impérial, entendu en ses conclusions, être par le Tribunal, dit et ordonné que le conseil de famille de l'exposant réuni devant Monsieur le Juge de Paix du canton de Calais, donnera son avis sur l'état dudit exposant; dire aussi que ce dernier sera interrogé par le Tribunal, s'il y a lieu, en chambre du conseil, pour être ensuite conclu et statué ce que de droit et ferez justice.

Présenté le six juillet mil huit cent cinquante-neuf.

Signé : GARDÈRE.

Soit communiqué au ministère public. Nous nommons Monsieur Caron de Fromentel, juge rapporteur.

Boulogne le six juillet mil huit cent cinquante-neuf.

Signé : LOREL.

Le Procureur Impérial, est d'avis qu'il y a lieu de faire droit aux présentes conclusions.

Fait au parquet, le six juillet mil huit cent cinquante-neuf.

Pour le Procureur Impérial,

Signé : H. BINET, substitut.

Jugement

Vu la requête qui précède ;

Oui, Monsieur Caron de Fromentel, juge en son rapport.

Oui également, Monsieur Binet, substitut du Procureur Impérial en ses conclusions.

Le Tribunal après en avoir délibéré,

Attendu que l'exposant, pourvu d'un conseil judiciaire, suivant jugement de ce Tribunal en date du six août mil huit cent cinquante-huit, enregistré, allègue que les causes qui lui ont valu cette mesure, ont entièrement disparu ; qu'il jouit de la plénitude de ses facultés intellectuelles ; qu'il a la conscience de pouvoir par lui-même et sans le secours de personne gérer et administrer ses biens et affaires.

Qu'il échet dès lors d'accueillir les fins de la présente requête.

Ordonne que le conseil de famille dudit exposant Henri Mouron, formé selon le mode déterminé par la loi, donnera son avis sur l'état mental actuel de ce dernier ; dit qu'il sera ensuite interrogé, si besoin est, en chambre du conseil par le Tribunal, pour être statué ce qu'il appartiendra.

Prononcé à l'audience civile, tenue publiquement le sept juillet mil huit cent cinquante-neuf, par le Tribunal de première instance de l'arrondissement de Boulogne-sur-mer, où siégeaient Messieurs Lorel Président, Caron de Fromentel et Mesureur, juges, en présence de M. Binet, substitut du Procureur Impérial, assistés de L. Goulet. greffier du Tribunal.

Et ont été ces présentes signées par le Président du Tribunal et par le greffier.

Signé : LOREL et GOULET.

Ensuite est écrit :

Enregistré à Boulogne, le huit juillet mil huit cent cinquante-neuf, folio cent soixante-neuf, case cinq, reçu trois francs trente centimes décime compris.

Signé : HARNAVILLE.

Mandons et ordonnons à tous huissiers sur ce requis de mettre ledit jugement à exécution.

A nos Procureurs généraux et à nos Procureurs près les Tribunaux de première instance, d'y tenir la main ;

A tous commandants et officiers de la force publique de prêter main forte, lorsqu'ils en seront légalement requis.

Pour expédition conforme.

Le greffier du Tribunal civil de Boulogne-sur-Mer.

GOULET.

Ici le cachet du Tribunal de première instance de Boulogne (Pas-de-Calais).

Enregistré à Boulogne, le douze juillet mil huit cent cinquante-neuf, folio 74, case 8, reçu enregistrement 3 50

décime 50

Total : quatre francs. 4 »

Remise du greffier un franc cinquante centimes.

HARNAVILLE.

Jugement requête
Relevant Mouron du conseil judiciaire

Napoléon, par la grâce de Dieu et la volonté nationale, Empereur des Français, à tous présents et avenir, salut.

Le Tribunal civil de première instance de l'arrondissement de Boulogne-sur-mer, a rendu le jugement suivant à la suite d'une requête ainsi conçue :

A Messieurs les Président et Juges, composant le Tribunal civil de Boulogne-sur-mer.

Henri Mouron, chef de bataillon du Génie en retraite, rentier, demeurant à Paris, rue des Rosiers.

A l'honneur de vous exposer :

Qu'au mois de mai mil huit cent cinquante-huit, le sieur Alphonse Mouron, son frère, avocat à Calais, a provoqué son interdiction par une instance portée devant votre Tribunal.

Que la demande se fondant sur des faits de démence qui n'ont pu être prouvés, puisque par jugement du six août mil huit cent cinquante-huit, elle a été rejetée au principal et qu'il a seulement été nommé à l'exposant un conseil judiciaire pour l'assister.

Qu'aujourd'hui les causes qui ont déterminé le Tribunal à prescrire cette mesure ont entièrement disparu, qu'en effet l'exposant jouit de la plénitude de ses facultés intellectuelles et est complètement guéri de l'affection dont il a été atteint.

Que cela est justifié par un certificat ci-joint délivré le vingt-deux juin dernier par Monsieur Brierre de Boismont, docteur-médecin, directeur de la maison de santé de Paris, où l'exposant a été traité et d'où il est sorti guéri le vingt-huit octobre mil huit cent cinquante-huit.

Que l'exposant voulant être relevé de l'assistance du conseil judiciaire qui lui a été nommé, a présenté requête à votre Tribunal, le sept juillet dernier et que par jugement du même jour, enregistré, il a été ordonné que le conseil de famille dudit exposant, se réunirait et qu'il donnerait son avis sur l'état mental actuel de ce dernier.

Que le conseil de famille s'est réuni devant Monsieur le Juge de paix du canton de Calais, ainsi qu'il résulte d'un procès-verbal, dressé le seize juillet mil huit cent cinquante-neuf, enregistré, et qu'il a été unanimement d'avis qu'il y avait lieu de relever l'exposant de l'assistance du conseil judiciaire dont il avait été pourvu.

Pourquoi il vous plaira, Messieurs, vu la requête qui précède et l'article cinq cent douze du Code Napoléon, ordonner que le dit sieur Mouron, sera relevé de l'assistance du conseil judiciaire dont il a été pourvu par le jugement susdaté ; dire que les fonctions du conseil judiciaire cesseront à partir du jour du jugement à intervenir et ferez justice.

Présenté le vingt-et-un juillet mil huit cent cinquante-neuf.

Signé : GARDÈRE.

Soit communiqué au ministère public, nous nommons Monsieur Caron de Fromentel, juge rapporteur.

Boulogne le vingt-et-un juillet mil huit cent cinquante-neuf.

Signé : LOREL.

Le **P**rocureur Impérial est d'avis qu'il y a lieu de faire **d**roit aux fins des présentes conclusions.

Au parquet le vingt-et-un juillet mil huit cent cinquante-neuf.

Pour le Procureur Impérial,

Signé : H. BINET, substitut.

JUGEMENT

Vu la requête qui précède :

Oui, Monsieur Caron de Fromentel, juge en son rapport et Monsieur Binet, substitut du Procureur Impérial, en ses conclusions.

Attendu que le conseil de famille a été d'avis unanime que le sieur Mouron Henri, devait être relevé du conseil judiciaire, qui lui avait été nommé ;

Attendu en outre qu'un certificat délivré par le sieur Brierre de Boismont, médecin, directeur de la maison de santé, du Faubourg-Saint-Antoine, numéro trois cent trois, à Paris, à la date du vingt-et-un juin mil huit cent cinquante-neuf, atteste que Mouron est revenu à la santé ; — « ledit certificat « enregistré à Boulogne, le six juillet mil « huit cent cinquante-neuf, folio treize, verso, case deu- « xième, reçu deux francs vingt centimes, décime compris. »

Signé : HARNAVILLE.

Attendu d'ailleurs que l'interrogatoire de Mouron serait sans objet ; qu'il est hors de doute qu'il répondrait à toutes les questions d'une manière lucide et intelligente, lors même qu'il pourrait être encore ultérieurement exposé aux accès qui avaient motivé la nomination du conseil judiciaire.

Qu'en l'état on ne peut que s'en rapporter à l'avis du conseil de famille et au certificat ci-dessus énoncé.

Le Tribunal, déclare Mouron relevé de l'assistance du conseil judiciaire dont il avait été pourvu, dit que les fonctions du conseil judiciaire, cessent à partir de ce jour; condamne Mouron aux dépens.

Prononcé à l'audience civile tenue publiquement le vingt-deux juillet mil huit cent cinquante-neuf, par le Tribunal de première instance de l'arrondissement de Boulogne-sur-Mer.

Où siégeaient Messieurs Lorel, Président, Caron de Fromentel et Mesureur juges en présence de Monsieur Binet, substitut du Procureur Impérial assistés de Louis Goulet, greffier du Tribunal.

Et ont été ces présentes signées par le Président du Tribunal et par le greffier.

Signé : LOREL et GOULET.

Ensuite est écrit.

Enregistré à Boulogne, le vingt-cinq juillet mil huit cent cinquante-neuf, folio six, case deuxième, reçu cinq francs et décime cinquante centimes.

Signé : HARNAVILLE.

ANNEXES

Extrait des Minutes du greffe da la Justice de Paix, du canton de Calais, arrondissement de Boulogne-sur-mer, département du Pas-de-Calais.

L'an mil huit cent cinquante-neuf, le seize juillet à deux heures après-midi.

Devant nous Léon Noël, juge de Paix du canton de Calais, assisté de Constantin Robbe, notre greffier.

A comparu en notre cabinet au Palais de Justice, Monsieur Henri-Gabriel-Jean-Baptiste Mouron, chef de bataillon du Génie, en retraite, rentier, demeurant à Paris, rue des Rosiers, numéro sept.

Lequel nous a exposé que par jugement en date du neuf juillet mil huit cent cinquante-neuf, enregistré, rendu sur requête présentée par le comparant, tendant à être relevé de l'assistance du conseil judiciaire dont il est pourvu, le Tribunal civil de première instance de l'arrondissement de Boulogne-sur-mer, a ordonné que le conseil de famille dudit Henri-Gabriel-Jean-Baptiste Mouron, formé selon le mode déterminé par la loi, donnera son avis sur l'état mental actuel de ce dernier.

Qu'à cet effet il a réuni devant nous les plus proches parents qu'il nous prie de recevoir et constituer en conseil de famille, sous notre présidence, savoir :

Pour la ligne paternelle: Messieurs Félix Mouron-Dessin, propriétaire, oncle;

Auguste Legrand, propriétaire, beau-frère, à cause de dame Rosalie Mouron, son épouse;

Et Félix Mouron-Forster, propriétaire, cousin issu de germain, demeurant tous trois à Calais.

Pour la ligne maternelle : Messieurs Alphonse Mouron, avocat et propriétaire, frère germain;

Louis Thomas Devot, avocat;

Et Antoine-Charles-Joseph Lemaire, chevalier de la Légion-d'Honneur, ancien notaire, propriétaire.

Ces deux derniers amis appelés à défaut de parents dans le rayon légal, demeurant tous à Calais.

Lecture faite l'exposant a signé avec nous et le greffier et s'est retiré.

Signé : H. MOURON, L. NOEL et ROBBE

Ont volontairement comparu les personnes ci-dessus dénommées qualifiées et domiciliées, lesquelles ont été constituées en conseil de famille, sous notre présidence.

L'exposé qui précède a été lu par le greffier.

Les six membres ont délibéré avec nous sur l'objet de la convocation, nous avons recueilli les voix, et :

Considérant qu'aux termes de droit (articles cinq cent douze et cinq cent quatorze du Code Napoléon), l'interdiction ou la nomination d'un conseil judiciaire doit cesser avec les causes qui l'ont fait prononcer.

Considérant que soit individuellement dès avant ce jour, soit aujourd'hui même par devant le conseil de famille et préalablement à la présente délibération, chaque membre du conseil s'est convaincu personnellement que Monsieur Jean-Baptiste-Louis-Henri Mouron, prénommé à tort Henri-Gabriel-Jean-Baptiste, a recouvré la plénitude de ses facultés intellectuelles et est parfaitement en état de gérer et administrer lui-même sa personne et ses biens.

Le conseil de famille est d'avis unanime qu'il y a lieu de le relever de l'assistance du conseil judiciaire dont il a été pourvu.

Après avoir fait connaître à Monsieur Henri Mouron, pour ce rappelé, la délibération qni précède, nous avons rédigé le présent acte.

Lecture faite il a signé avec les membres du conseil de famille, nous et le greffier.

Signé : H. MOURON, MOURON-DESSIN,
A. LEGRAND, Félix MOURON, Alphonse MOURON,
DEVOT, LEMAIRE, L. NOEL et ROBBE.

Enregistré à Calais, le dix-huit juillet mil huit cent cinquante-neuf, folio cent quarante-neuf, case quatre, reçu quatre francs ; dixième, quarante centimes.

Signé : LANCEL.

Pour expédition conforme,

Le greffier de la Justice de Paix, du canton de Calais,

Signé : ROBBE, scellé.

Je soussigné, docteur en médecine, de la Faculté de Paris, médecin directeur de la maison de santé du Faubourg-Saint-Antoine, numéro trois cent trois, certifie que Monsieur Mouron (Henri), chef de bataillon du Génie, en retraite, entré dans mon établissement, pour une maladie mentale, le trois septembre mil huit cent cinquante-sept, en est sorti guéri le vingt-huit octobre mil huit cent cinquante-huit. — Trois mois avant sa sortie, il ne restait plus de trace de l'affection pour laquelle Monsieur Mouron avait été soigné, ainsi qu'il résulte des notes du registre, tenu en conformité de la loi du trente juin mil huit cent trente-huit.

J'ai eu de fréquentes occasions de revoir le commandant depuis qu'il a quitté ma maison et j'atteste que la guérison s'est toujours maintenue.

Fait à Paris, le vingt-et-un juin mil huit cent cinquante-neuf.

Signé : A. BRIERRE DE BOISMONT.

Vu pour la légalisation de la signature de Monsieur A. Brierre de Boismont.

Paris, le vingt-deux juin mil huit cent cinquante-neuf

LE MAIRE,

Signé : (Illisible), scellé.

Enregistré à Boulogne, le six juillet mil huit cent cinquante-neuf, folio treize, verso, case deuxième, reçu deux francs vingt centimes, décime compris.

Signé : HARNAVILLE.

Mandons et ordonnons à tous huissiers sur ce requis, de mettre ledit jugement à exécution ;

A nos Procureurs généraux et à nos Procureurs près les Tribunaux de première instance d'y tenir la main.

A tous commandants et officiers de la force publique de prêter main forte lorsqu'ils en seront légalement requis.

Pour expédition conforme,

Le greffier du Tribunal civil de Boulogne-sur-Mer,

GOULET.

Ici le cachet du Tribunal de première instance de Boulogne (Pas-de-Calais).

Enregistré à Boulogne, le premier août mil huit cent cinquante-neuf, folio deuxième, case cinq.

Reçu expédition 11.R......................	10	45
Décime.................................... (	1	0450
Deux .... (	»	33
Total : onze francs quatre-vingt centimes	11	8250

Remise du greffier trois cents trente centimes, un mot rayé.

HARNAVILLE.

CERTIFICAT

Je soussigné, greffier du Tribunal de commerce de Boulogne-sur-mer.

Certifie que M⁰ Gardère, avoué, a déposé en ce greffe pour être transcrit sur le registre et affiché au lieu à ce destiné, au Palais de Justice, ce qui a été fait conformément à la loi, l'extrait d'un jugement rendu sur requête par le Tribunal de première instance de Boulogne-sur-mer, le vingt-deux juillet mil huit cent cinquante-neuf, enregistré, par lequel jugement, M. Henri Mouron, chef de bataillon du génie, en retraite, rentier, demeurant à Paris, rue des Rosiers, a été relevé de l'assistance du conseil judiciaire, dont il avait été pourvu par jugement dudit Tribunal, en date du six août mil huit cent cinquante-huit, enregistré.

Boulogne-sur-mer, le trois août mil huit cent cinquante-neuf.

GAULTIER.

Ici le cachet du Tribunal de Commerce de Boulogne (Pas-de-Calais)

Enregistré à Boulogne, le quatre août mil huit cent cinquante-neuf, folio 33, case 5.

Reçu certificat...........................	1	»	»
Rédaction..............................	1	12	50
	2	12	50
Décime...............................	»	22	50
Total deux francs trente-cinq centimes...	2	35	»»

Remise du greffier treize centimes.

HARNAVILLE.

CHAMBRE DES NOTAIRES
DE L'ARRONDISSEMENT DE BOULOGNE-SUR-MER

L'an mil huit cinquante-neuf, le trois août.

Je soussigné Louis-Pierre-François Sauvage, notaire à Boulogne-sur-mer, secrétaire de la Chambre de discipline des notaires de l'arrondissement de Boulogne.

Certifie que Mᵉ Gardère, avoué à Boulogne, m'a déposé ce jour, pour être affiché dans la Chambre desdits notaires, l'extrait d'un jugement rendu sur requête par le Tribunal de première instance de Boulogne-sur-mer, le vingt-deux juillet mil huit cent cinquante-neuf, enregistré, duquel il résulte que M. Henri Mouron, chef de bataillon du génie, en retraite, rentier, demeurant à Paris, rue des Rosiers, a été relevé de l'assistance du conseil judiciaire dont il avait été pourvu par jugement dudit Tribunal en date du six août mil huit cent cinquante-huit, enregistré.

En conséquence, j'ai immédiatement fait afficher cet extrait au tableau placé à cet effet dans la chambre desdits notaires, conformément à la loi.

En foi de quoi, j'ai dressé le présent procès-verbal, que j'ai signé.

Pour copie conforme au registre,

Louis SAUVAGE.

Enregistré à Boulogne, le six août mil huit cent cinquante-neuf, folio 62, verso case 6, reçu deux francs, décime vingt centimes.

LEROUX.

Je soussigné, secrétaire de la Chambre des avoués près
le Tribunal civil de première instance, séant à Boulogne-
sur-mer.

Certifie et atteste que M⁰ Gardère, avoué audit lieu a
déposé en mes mains le trois de ce mois, l'extrait d'un
jugement rendu par le Tribunal civil de Boulogne-sur-mer,
le vingt-deux juillet mil huit cent cinquante-neuf, duquel
il appert que M. Henri Mouron, chef de bataillon du génie,
en retraite, rentier, demeurant à Paris, rue des Rosiers,
a été relevé de l'assistance du conseil judiciaire dont il
avait été pourvu par jugement du Tribunal, en date du
six août mil huit cent cinquante-huit.

Et que ledit extrait a été immédiatement affiché au
tableau à ce destiné.

A Boulogne-sur-mer, ce six août mil huit cent cinquante-neuf.

VARLET,

Secrétaire de la Chambre des avoués.

« Enregistré à Boulogne-sur-mer, ce seize août mil huit
« cent cinquante-neuf, folio 57, case 8, reçu un franc et
« dix centimes de décimes.

HARNAVILLE.

CERTIFICAT AFFICHE

Extrait jugement relevant Mouron du conseil judiciaire

Le greffier du Tribunal civil de première instance de l'arrondissement de Boulogne-sur-mer (Pas-de-Calais).

Certifie avoir affiché ce jour en l'auditoire du Tribunal l'extrait d'un jugement rendu sur requête par le Tribunal de première instance de Boulogne-sur-mer, le vingt-deux juillet mil huit cent cinquante-neuf, enregistré ; — duquel il appert : — que M. Henri Mouron, chef de bataillon du génie, en retraite, rentier, demeurant à Paris, rue des Rosiers, a été relevé de l'assistance du conseil judiciaire, dont il avait été pourvu par jugement dudit Tribunal en date du six août mil huit cent cinquante-huit, enregistré.

Délivré à Mᵉ Gardère, avoué du sieur Mouron. A Boulogne-sur-mer, le quatre août mil huit cent cinquante-neuf.

GOULET.

Enregistré à Boulogne, le quatre août mil huit cent cinquante-neuf, folio 31, case 5.

Reçu certificat...........................	1	» »
Rédaction...............................	1	12.50
	2	12.50
Décime..................................	»	22.50
Total deux francs trente-cinq centimes....	2 35	» »

Remise du greffier trente centimes.

HARNAVILLE.

Vu par nous, Président du Tribunal civil de Boulogne-sur-mer, pour légalisation de la signature de M. Goulet, greffier du Tribunal.

Au Palais de Justice, 4 août 1859.

Le Juge pour le Président empêché,

F. MORET.

Paris. — Imprimerie ADOLPHE REIFF, 9, place Cambrai.

www.ingramcontent.com/pod-product-compliance
Ingram Content Group UK Ltd.
Pitfield, Milton Keynes, MK11 3LW, UK
UKHW021148140726
13695UKWH00005B/2008

9 782014 459418